| 知識・技能（音声） | 思考力・判断力・表現力 |
|---|---|
| 音の連続<br>（つながる音） | 日常生活において必要となる基本的な情報を聞き取り，把握することができる。 |
| 音の連続<br>（変化する音） | 平易な英語〔　　　　　　　　　　　　　〕を参考にしながら聞いて，概要や要点を〔　　　〕 |
| 音の連続<br>（消える音） | 身近なこと〔　　　　　　　　　　　　　　　〕とができる。 |
| 語の強勢 | 与えられた視〔　　　　　　　〕る状況や場面，事物を描写説明した英文を正しく聞き分けることができる。 |
| 句の強勢 | 平易な英語で話されるごく短い対話を，場面の情報などを参考にしながら聞いて，概要や要点を把握することができる。 |
| 文の強勢 | 与えられた視覚的情報をもとに，ある状況や場面，事物を描写説明した単文レベルの英文を正しく聞き分けることができる。 |
| 変わる音・消える音 | 身近なことに関する内容を聞き取り，理解することができる。 |
| 疑問詞の聞き取り | 事前予測ができる情報がない中で，会話的な不意の問いかけに対する適当な応答英文をすばやく判断し，処理することができる。 |
| 時制の聞き取り | 平易な英語で話されるごく短い対話を，場面の情報などを参考にしながら聞いて，概要や要点を目的に応じて把握することができる。 |
| 助動詞の聞き取り | 身近なことに関する内容を聞き取り，理解することができる。 |
| カタカナ語の聞き取り | 日本語で事前に与えられる状況設定および視覚的情報と音声情報から，その場面で求められている課題を解決することができる。 |
| 視覚情報の活用 | 与えられた視覚的情報をもとに，ある状況や場面，事物を描写説明した英文を正しく聞き分けることができる。 |
| 5W1H | 平易な英語で話されるごく短い対話を，場面の情報などを参考にしながら聞いて，概要や要点を目的に応じて把握することができる。 |
| 言いかえ表現 | 平易な英語で話される短い説明を，グラフを参考にしながら聞いて，概要や要点を把握することができる。 |
| 位置関係 | 平易な英語で話される短い説明を，イラストを参考にしながら聞いて，概要や要点を把握することができる。 |
| 和製英語 | 平易な英語で話される短い対話を，場面の情報などを参考にしながら聞いて，概要や要点を把握することができる。 |
| イギリス英語の特徴 | 説明を聞いて，必要な情報を聞き取り，概要や要点を把握することができる。 |
| オーストラリア英語の特徴 | 音声英文の中から，事前に与えられた英文質問に答えるために必要な情報を選択して引き出し，求められている解答を導くために適切な判断をすることができる。 |
| アジア英語の特徴 | 平易な英語で話される短い対話を，場面の情報などを参考にしながら聞いて，概要や要点を目的に応じて把握することができる。 |
| 固有名詞の聞き取り | 説明を聞いて，必要な情報を聞き取り，概要や要点を把握することができる。 |

# **Daily Life**

英文を聞き，それぞれの内容と最もよく合っているものを1つ選びなさい。
英文は2回読まれます。

1. ① ② ③ ④
(5点)

2. ① ② ③ ④
(5点)

3. ① ② ③ ④
(5点)

4. ① ② ③ ④
(5点)

1. 🔘 1
   ① The speaker buys something on the Internet.
   ② The speaker looks up a word with a portable electronic dictionary.
   ③ The speaker reads a novel on a tablet.
   ④ The speaker uses the Internet as a dictionary.

2. 🔘 2
   ① It will be sunny soon.
   ② It's going to stop raining.
   ③ The weather is getting worse.
   ④ There are no clouds in the sky.

3. 🔘 3
   ① The speaker can't buy a new video game.
   ② The speaker doesn't like playing video games.
   ③ The speaker saved money to buy a new video game.
   ④ The speaker sold his vidco games to get money.

4. 🔘 4
   ① Tom is going to cook dinner with his friends.
   ② Tom is going to go out for dinner with his friends.
   ③ Tom is going to invite his friends to his house.
   ④ Tom is going to look for a good restaurant in some guidebooks.

**Total**

/20

**Class** ....................

**No.** ....................

**Name**

# 音の連続（つながる音）

■いくつかの単語がつながって発音され，知っているはずの単語が１つの知らない単語のように聞こえることがある。

> a pair of / fill in / join us / arm in arm / keep on / not at all /
> king and queen / back up / big eyes / half an hour / give up / dress up

🎧 **Check**                                                          5

英文を聞いて，空所にあてはまる単語を書きなさい。英文は１回読まれます。

1. Tom (　　　　　) (　　　　　) (　　　　　) (　　　　　)
   (　　　　　) with his girlfriend.

2. I have (　　　　　) (　　　　　) (　　　　　) with my
   former host family in America.

3. (　　　　　) (　　　　　) (　　　　　) were surprised at
   the news of his success.

> **Words and Phrases**
> look up ... : …(語句など)を調べる
> gather [gǽðər] : 集まる
> enough ... to ~ : ~するのにじゅうぶんな…
> book [búk] : …を予約する

# Picture Description

英文を聞き，それぞれの内容と最もよく合っているイラストを1つ選びなさい。英文は2回読まれます。

Active Listening ③
**Lesson 2**

1. 🔘 6

① ② ③ ④

1. ① ② ③ ④
（5点）

2. 🔘 7

① ② ③ ④

2. ① ② ③ ④
（5点）

3. ① ② ③ ④
（5点）

3. 🔘 8

① ② ③ ④

4. ① ② ③ ④
（5点）

**Total**

/20

4. 🔘 9

① ② ③ ④

Class

No.

Name

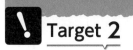
# 音の連続(変化する音)

聞いてみよう！

■複数の単語が連続して速く発音されるときに，違う音に変化して発音されることがある。

would you / won't you / thank you / let you / miss you / going to [gonna] /
want to [wanna] / get out / right away

## Check

英文を聞いて，空所にあてはまる単語を書きなさい。英文は 1 回読まれます。

1. (　　　　　) (　　　　　) (　　　　　) to go to the mountains with me?

2. Let's (　　　　　) (　　　　　) (　　　　　).　We have enough time left.

3. I'm (　　　　　) (　　　　　) (　　　　　) (　　　　　) very much after this party.

---

**Words and Phrases**
beard [bíərd]：あごひげ
subscribe to …：…を定期購読する

# At Work

対話と応答を聞き，最も適切な応答を 1 つ選びなさい。
英文は 1 回読まれます。

1. ⊙ 11
   ①　　　②　　　③

2. ⊙ 12
   ①　　　②　　　③

3. ⊙ 13
   ①　　　②　　　③

4. ⊙ 14
   ①　　　②　　　③

**Answer Sheet**

Active Listening ③
**Lesson 3**

1. ①　②　③
   （5点）

2. ①　②　③
   （5点）

3. ①　②　③
   （5点）

4. ①　②　③
   （5点）

**Total**

/20

Class

No.

Name

# ! Target 3

# 音の連続（消える音）

聞いてみよう！

■自然なスピードの会話では，単語同士がつながって発音されるので，ある単語の最後の音と次の単語の最初の音が同じか類似した子音の場合，一方が消えてしまう。

| 前の語の最後の子音が消える | good dancer, big game, deep purple, what time, English show, take care, put down, hard time |
|---|---|
| him, her, them などの最初の音が弱くなって消える | like them, take him, love him, give her, tell her, with them |

## 🎧 Check

15

英文を聞いて，空所にあてはまる単語を書きなさい。英文は1回読まれます。

1. Will you (　　　　) (　　　　) (　　　　)? The class has already begun.

2. The typhoon is approaching. Do you (　　　　) (　　　　) (　　　　) in the house?

3. They are quite rude and impolite. We get angry (　　　　) (　　　　) (　　　　) (　　　　).

---

**Words and Phrases**
What's the matter with ...? : …はどうしたのか。
so far : 今のところ
budget [bʌ́dʒət] : 予算
hold the line : 電話を切らずに待つ
put ... through to ～ : （電話で）…を～につなぐ

# Photo Description

写真の内容を表す文として，4つの英文が読まれます。その中から，最も適切なものを1つ選びなさい。英文は1回読まれます。

Active Listening ③
**Lesson 4**

1. ① ② ③ ④
（5点）

2. ① ② ③ ④
（5点）

3. ① ② ③ ④
（5点）

4. ① ② ③ ④
（5点）

1. 🔘 16

① ② ③ ④

2. 🔘 17

① ② ③ ④

3. 🔘 18

① ② ③ ④

4. 🔘 19

① ② ③ ④

Total

/20

Class

No.

Name

 **Target 4**

# 語の強勢

聞いてみよう！

■英語の単語では，強く発音される音節の位置は単語によって決まっている。単語を覚えるときは発音も含めて覚えておこう。品詞によって強勢の位置が違う単語もあるので注意。

| 語頭の音節に強勢がある単語 | lesson [lés(ə)n], sister [sístər], picture [píktʃər], yesterday [jéstərdèi], influence [ínfluəns], wonderfully [wʌ́ndərf(ə)li] |
|---|---|
| 語の途中の音節に強勢がある単語 | September [septémbər], together [təgéðər], musician [mju:zíʃ(ə)n], entertainment [èntərtéinmənt], communication [kəmjù:nikéiʃ(ə)n], international [ìntərnǽʃ(ə)n(ə)l] |
| 語末の音節に強勢がある単語 | before [bifɔ́:r], occur [əkə́:r], police [pəlí:s], decide [disáid], understand [ʌ̀ndərstǽnd], introduce [intrədjú:s] |
| 品詞によって強勢の異なる単語 | absent [ǽbs(ə)nt] (形容詞), absent [æbsént] (動詞) export [ékspɔ:rt] (名詞), export [ikspɔ́:rt] (動詞) present [préz(ə)nt] (名詞, 形容詞), present [prizént] (動詞) project [prɑ́(:)dʒèkt] (名詞), project [prədʒékt] (動詞) |

 **Check**   20

英文を聞いて，空所にあてはまる単語を書きなさい。英文は 1 回読まれます。

1. I worked as a (　　　　　) during summer vacation.

2. I think she has a good (　　　　　).

3. The (　　　　　) took a picture of us together.

対話の場面が日本語で書かれています。対話とそれについての質問を聞き，
答えとして最も適切なものを1つ選びなさい。英文は2回読まれます。

1．レポートについて話をしています。  21

①
②
③
④

2．インターンシップについて話をしています。  22

①
②
③
④

3．今夜の食事について話をしています。  23

①
②
③
④

4．留学生が実家に荷物を送ろうとしています。  24

①

| To UK |
| --- |
| Ordinary |
| 5 days：¥780 |
| Express |
| 3 days：¥1,080 |
| ※ Please note that the number of delivery days is an estimate. |

②

| To UK |
| --- |
| Ordinary |
| 5 days：¥780 |
| Express |
| 2 days：¥1,080 |
| ※ Please note that the number of delivery days is an estimate. |

③

| To UK |
| --- |
| Ordinary |
| 5 days：¥780 |
| Express |
| 3 days：¥780 |
| ※ Please note that the number of delivery days is an estimate. |

④

| To UK |
| --- |
| Ordinary |
| 5 days：¥780 |
| Express |
| 2 days：¥780 |
| ※ Please note that the number of delivery days is an estimate. |

# Target 5

## 句の強勢

聞いてみよう！

■いくつかの単語のまとまりの中では，意味上の重点がある単語に強勢が置かれる。同じ語句の組み合わせでも，重点の置き方によって強勢が違う場合がある。

| | |
|---|---|
| lie under the bed<br>（ベッドの下に横になる） | lie on the bed or under it<br>（ベッドの上か下に横になる） |
| It was for him<br>（それは彼のためだった） | It was for him, not for you<br>（それは彼のためで，あなたのためではなかった） |
| along the street<br>（通り沿いに） | along, not across the street<br>（向かいではなく，通り沿いに） |
| I didn't go<br>（私は行かなかった） | I could but didn't go<br>（行こうと思えば行けたが，私は行かなかった） |

 **Check** 25

英文を聞いて，話者が最も言いたいことを一つ選びなさい。
英文は1回読まれます。

1. ① At times I am absent from school.
   ② I don't use any public transport or bicycle to go to school.
   ③ The place I go most often is my school.

2. ① I am a designer now.
   ② I am a hat designer and have never designed other clothes.
   ③ I will never stop designing hats.

3. ① He drank as many as three glasses of water.
   ② The reason why he drank water was that he was thirsty.
   ③ What he drank was water.

> **Words and Phrases**
> be likely to ～：～しそうだ
> internship [íntərnʃìp]：インターンシップ（学生が在学中に体験就業する制度）
> apply for ...：…に申し込む　　application [æ̀plikéiʃ(ə)n]：応募，申し込み

# Picture Description

イラストの内容を表す文として，3つの英文が読まれます。その中から，最も適切なものを1つ選びなさい。英文は1回読まれます。

Active Listening ③
**Lesson 6**

1. 26

① ② ③

2. 27

① ② ③

3. 28

① ② ③

4. 29

① ② ③

1. ① ② ③
( 5点)

2. ① ② ③
( 5点)

3. ① ② ③
( 5点)

4. ① ② ③
( 5点)

Total

/20

Class

No.

Name

# 文の強勢

聞いてみよう！

■英語の単語や句に音の強弱があるのと同様に，文全体でも強く発音される部分と弱く発音される部分があり，その強弱の連続によって一定のリズムを形成している。

| 強く発音される傾向がある語：<br>内容を伝達するのに重要な語（名詞・一般動詞・形容詞・副詞・疑問詞） | Tóm plays ténnis.<br>Máry plays ténnis, tóo.<br>Gíve me some cóffee.<br>I thínk he's télling the trúth. |
| --- | --- |
| 弱く発音される傾向がある語：<br>主に文法的な機能を果たす語（冠詞・代名詞・be-動詞・助動詞・前置詞・接続詞・関係詞） | |

## Check  30

英文を聞いて，空所にあてはまる単語を書きなさい。英文は1回読まれます。

1. The station is (　　　　) (　　　　) (　　　　)
   (　　　　) the city.

2. The fish was the biggest (　　　　) (　　　　)
   (　　　　) (　　　　) (　　　　).

3. (　　　　) (　　　　) (　　　　) (　　　　)
   (　　　　) on your team?

---

**Words and Phrases**

be reluctant to ～：～したくない

experiment [ikspérimənt]：実験

home economics：家庭科

equipment [ikwípmənt]：器具

be on bad terms：関係性が悪い，仲が悪い

# On the Phone

英検®

対話と質問を聞き，その答えとして最も適切なものを１つ選びなさい。
英文は１回読まれます。

1. 31

① Apply for the employment examination for a trading company.

② Get in contact with Tom's senior.

③ Give up becoming a businesswoman.

④ Help Tom find a job.

1. ① ② ③ ④
（5点）

2. 32

① Enjoyed playing golf.

② Just rested at home.

③ Had good meals while traveling.

④ Went on a trip together with Jenny.

2. ① ② ③ ④
（5点）

3. 33

① A chef at a fast-food restaurant.

② The boss of the man.

③ The owner of a restaurant.

④ The president of the man's company.

3. ① ② ③ ④
（5点）

4. 34

① A bank clerk.

② A company that he hopes to work for.

③ An office worker at his university.

④ An airport office worker.

4. ① ② ③ ④
（5点）

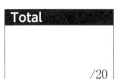

**Total**

/20

Class ...................................

No. ...................................

Name .....................................

# !  Target 7

# 変わる音・消える音

■日常会話で英語が速く話される場合，ある音が別の音に変化して聞こえたり，音そのものが聞こえなかったりすることがある。

| [tr]や[dr]が連続すると[t]，[d]の音が「チュ」「ヂュ」のように聞こえる | control [kəntróul]，introduction [intrədʌ́kʃən]，destroy [distrɔ́i]，address [ədrés]，drawing [drɔ́:iŋ]，hundred [hʌ́ndrəd] |
|---|---|
| 母音にはさまれた[t]，[d]の音が「ラ行」のような音に変化する | automatic [ɔ̀:təmǽtik]，better [bétər]，eighty [éiti]，later [léitər]，modern [mádərn]，pretty [príti] |
| 語末，語中にある[tn]，[dn]の組み合わせの[t]，[d]の音が，鼻に抜ける「ン」のような音になる | certain [sə́:rtn]，cotton [kátn]，mountain [máuntn]，suddenly [sʌ́dnli]，garden [gɑ́:rdn]，pardon [pɑ́:rdn] |
| [t]，[d]が，[l]，[n]，[k]などの音と連続するときに，一方の音が消えることがある | center [séntər]，winter [wíntər]，picture [píktʃər]，doctor [dáktər]，silently [sáiləntli]，kindly [káindli] |

 **Check**

英単語が３つずつ発音されます。そのうち２つは同じ単語で，１つだけがほかとは違う単語です。ほかと違うものが何番目に読まれたか，○をつけなさい。英語は１回読まれます。

1. 1番目　　　　　2番目　　　　　3番目

2. 1番目　　　　　2番目　　　　　3番目

3. 1番目　　　　　2番目　　　　　3番目

> **Words and Phrases**
> nature [néitʃər]：特質
> duty [djú:ti]：仕事
> senior [sí:njər]：先輩
> be fed up with ...：…にうんざりしている
> Long time no see.：久しぶりだね。
> account [əkáunt]：口座
> teller [télər]：(銀行の) 出納係

# Quick Responses

質問の英文に続いて，3つの英文が読まれます。質問に対する答えとして最も適切なものを1つ選びなさい。英文は1回読まれます。

1. 〔36〕
　① 　　　② 　　　③

2. 〔37〕
　① 　　　② 　　　③

3. 〔38〕
　① 　　　② 　　　③

4. 〔39〕
　① 　　　② 　　　③

Active Listening ③
**Lesson 8**

1. ① ② ③
（5点）

2. ① ② ③
（5点）

3. ① ② ③
（5点）

4. ① ② ③
（5点）

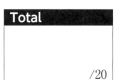

| Total |
| --- |
| /20 |

Class .........................

No. .........................

Name .........................

# 疑問詞の聞き取り

聞いてみよう！

■何が問われているかをつかむために疑問詞の聞き取りは重要だが，疑問詞の後に続く助動詞や代名詞は速く発音されることが多いので，聞き取りにくいことがある。それらと合わせてどう聞こえるかに慣れておこう。

---

Who were you planning to meet?
Which did he prefer of those ideas?
Why didn't you get up earlier?
Where did it all begin?
When are they coming home?
How would you like to have your hair cut?

---

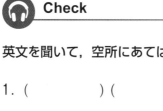 **Check** 🎧40

英文を聞いて，空所にあてはまる単語を書きなさい。英文は1回読まれます。

1. (          ) (          ) (          ) meet there yesterday?

2. (          ) (          ) (          ) sell the furniture?

3. (          ) (          ) (          ) (          ) from?

---

**Words and Phrases**

apologize [əpá(:)lədʒàiz]：謝罪する

policy [pá(:)ləsi]：方針

give ... a ride：…を車に乗せる

available [əvéiləb(ə)l]：利用可能な，都合がつく

# Conversation

対話の場面が日本語で書かれています。対話を聞き，質問の答えとして最も適切なものを1つ選びなさい。英文は1回読まれます。

1. 父と娘が週末の予定について話をしています。🔊41

**Who is likely to go to the movie?**

① The father and his daughter.

② The mother and her daughter.

③ The parents.

④ The parents and their daughter.

2. スポーツジムの職員が女性と話をしています。🔊42

**What's the purpose of the woman's visit?**

① To build her muscles.

② To learn how to swim.

③ To sell new exercise machines.

④ To slim down.

3. 男性と女性がスマートフォンのことについて話しています。🔊43

**What did the woman buy?**

① A smartphone that can connect to 5G networks.

② A smartphone that can't connect to 5G networks.

③ A tablet that can connect to 5G networks.

④ She bought nothing at the store.

4. 男性がローマへの旅行を計画している女性と話をしています。🔊44

**What will the woman carry with her when she visits Rome?**

① A hand-held map of Italy.

② An Italian-Japanese dictionary.

③ A Japanese-Italian dictionary.

④ A machine for translation.

# Target 9

## 時制の聞き取り

聞いてみよう！

■時制の区別が内容理解のポイントになることは多いが，完了形，進行形などがいっしょになって複雑になると聞き取りにくくなる。受け身や短縮形にも注意しよう。

| 現在<br>過去<br>未来 | I do<br>he does<br>they did | I'm doing<br>she was doing<br>we weren't doing | you'll do<br>they would do<br>it won't do<br>she wouldn't be doing |
|---|---|---|---|
| 完了形 | you've done<br>she hasn't done<br>we had done | we've been doing<br>he'd been doing<br>they hadn't been doing | they'll have been doing<br>it would have been doing<br>he wouldn't have been doing |

 **Check** 45

英文を聞いて，空所にあてはまる単語を書きなさい。英文は1回読まれます。

1. They (       ) (       ) about the problem at all.

2. We (     ) (     ) (     ) to leave the room.

3. She (     ) (     ) (     ) very long.

---

**Words and Phrases**
due to ... : …のために，…のせいで
lack of ... : …の不足
get a good buy : よい買い物をする

# 10

# **Announcement**

英文と質問を聞き，その答えとして最も適切なものを１つ選びなさい。
英文は１回読まれます。

1.

① Apologize for the low score.

② Do nothing in particular.

③ Hand in an English assignment.

④ Take a reexamination.

2.

① Because a traffic light was under inspection.

② Because the train stopped due to a power failure.

③ Because they confirmed the safety of the train cars.

④ Because the trains were packed with people commuting to work or school.

3.

① ¥2,000.

② ¥3,000.

③ ¥4,000.

④ ¥5,000.

4.

① Daiichi Elementary School.

② The community center.

③ The nearby gymnasium.

④ The riverside area.

# Target 10

## 助動詞の聞き取り

■助動詞は弱く読まれることが多く，聞き取りにくい。とくに進行形，完了形が続くときは，表す「時」にも注意が必要である。

| 助動詞＋動詞の原形<br>助動詞＋進行形 | can do,  couldn't be doing,  must do,  must be doing,<br>may be doing,  might do,  might not be doing,  should do,<br>should be doing,  used to be doing,  wouldn't be doing |
|---|---|
| 助動詞＋完了形 | cannot have done,  could have done,  must have done,<br>mustn't have done,  may have done,  might have done,<br>should have done,  would have been doing |

### 🎧 Check
50

英文を聞いて，空所にあてはまる単語を書きなさい。英文は１回読まれます。

1. You (　　　　) (　　　　　　) such a great writer.

2. He (　　　　) (　　　　　　) (　　　　　　) guilty of the crime.

3. They (　　　　) (　　　　　　) (　　　　　　) money aside.

---

**Words and Phrases**
inspection [inspékʃ(ə)n]：点検
previous [príːviəs]：前の
urgent [ə́ːrdʒ(ə)nt]：緊急の
those who ～：～する人たち
take refuge：避難する

# Studying Abroad

場面が日本語で書かれています。英文が読まれるので，イラストを見ながら聞きなさい。質問に対する答えとして最も適切なものを1つ選びなさい。英文は1回読まれます。

あなた（女子）はアメリカに留学中です。朝に友達（男子）から電話がかかってきました。まず，友達からあなたに話しかけます。

1．あなたは今どこにいるか。  51

① 　② 　③ 　④

2．あなたは何を持っていくか。  52

① 　② 　③ 　④

あなた（女子）は留学を希望しています。今日は留学志望の友達（男子）が留学セミナーに誘ってくれました。まず，友達からあなたに話しかけます。

3．あなたは留学先で何を勉強したいか。  53

① 　② 　③ 　④

4．あなたはセミナーで何をするか。  54

① 　② 　③ 　④

Active Listening ③
**Lesson 11**

1. ① ② ③ ④
( 5点)

2. ① ② ③ ④
( 5点)

3. ① ② ③ ④
( 5点)

4. ① ② ③ ④
( 5点)

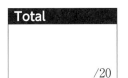

Total

/20

Class

No.

Name

# Target 11
## カタカナ語の聞き取り

聞いてみよう！

■英語やほかの言語に起源をもつカタカナ語でも，英語とは発音やアクセントが大きく違うものがあるので注意しよう。

| 日本語と母音が違う | button [bʌ́t(ə)n] (ボタン)，vitamin [váitəmin] (ビタミン)，virus [vái(ə)rəs] (ウイルス)，media [míːdiə] (メディア) |
|---|---|
| アクセントの位置が違う | image [ímidʒ] (イメージ)，career [kəríər] (キャリア)，chocolate [tʃɔ́ːk(ə)lət] (チョコレート)，damage [dǽmidʒ] (ダメージ) |
| 日本語のような母音を入れない | mineral [mín(ə)r(ə)l] (ミネラル)，travel [trǽv(ə)l] (トラベル)，trouble [trʌ́b(ə)l] (トラブル)，studio [stjúːdiòu] (スタジオ) |

 **Check**

英文を聞いて，その中に含まれる単語を欠けている文字を補って完成しなさい。英文は1回読まれます。

1. t ＿ ＿ ＿ e

2. l ＿ ＿ ＿ l

3. s ＿ ＿ ＿ ＿ er

> **Words and Phrases**
> stay up：寝ないで起きている
> submission [səbmíʃ(ə)n]：提出
> with pleasure：喜んで(相手の依頼や申し出を受け入れるときの表現)
> method [méθəd]：方法
> command [kəmǽnd]：(言語などの)運用能力
> expose ... to ～：…を～にさらす

# Photo Description

写真の内容を表す文として，4つの英文が読まれます。その中から，最も適切なものを1つ選びなさい。英文は1回読まれます。

Active Listening ③
**Lesson 12**

1.

2. 57

① ② ③ ④

① ② ③ ④

1. ① ② ③ ④
（5点）

2. ① ② ③ ④
（5点）

3. ① ② ③ ④
（5点）

4. ① ② ③ ④
（5点）

3. 58

4. 59

① ② ③ ④

① ② ③ ④

| Total | |
|---|---|
| | /20 |

Class

No.

Name

# Target 12

## 視覚情報の活用

■絵や地図，グラフ，写真などのついた問題では，その読み取りがポイントとなるとともに，英語の聞き取りのためのヒントともなる。

| 視覚情報をすばやく見て，状況をつかむ |
|---|
| 「人」　…動作や感情を確認<br>　　　　人数，性別，年齢などを確認 |
| 「物」　…それが何なのかを判断<br>　　　　複数の物は位置関係を確認 |
| 「地図」　…話題となる場所の位置関係を確認 |
| 「グラフ」…描かれたデータ内容を把握<br>　　　　項目名の確認 |

→

話される内容を予測できる
未知の語の聞き取りのヒントとなる

視覚情報による選択肢では違いをあらかじめつかんでおく

### 🎧 Check

次の図表は，1650年のアフリカを100として，推定人口を示したものです。英語の質問を聞いて，英単語または数字で答えなさい。英語は1回読まれます。

|  | 1650 | 1750 | 1850 | 1900 |
|---|---|---|---|---|
| Africa | 100 | 100 | 100 | 141 |
| Europe | 100 | 140 | 266 | 401 |
| Asia | 250 | 406 | 671 | 859 |

1. (　　　　　)　　2. (　　　　　)　　3. (　　　　　)

**Words and Phrases**
spectator [spéktèitər]：観客
trim [trím]：…を切り取る
water faucet：水道の蛇口
lick [lík]：…をなめる
stroke [stróuk]：…をなでる

対話の場面が日本語で書かれています。対話を聞き，質問の答えとして最も適切なものを1つ選びなさい。英文は1回読まれます。

Active Listening ③
**Lesson 13**

1. 女性が男性の勤務先についてたずねています。🔵 61

   **What is the man's job?**

   ① A lawyer.

   ② A professor.

   ③ A salesman.

   ④ An engineer.

1. ① ② ③ ④
   （5点）

2. 運動部に所属する男性が新しく部に入った女性と話をしています。🔵 62

   **What is the woman's job?**

   ① A computer programmer.

   ② A performer.

   ③ A technology engineer.

   ④ A track and field athlete.

2. ① ② ③ ④
   （5点）

3. ① ② ③ ④
   （5点）

4. ① ② ③ ④
   （5点）

3. 男性と女性が防犯カメラについて話をしています。🔵 63

   **Why did the man set up a camera?**

   ① To prevent cars from parking without permission.

   ② To prevent crimes.

   ③ To take care of his children.

   ④ To watch outside while he is home.

4. 男性と女性がロボットの話をしています。🔵 64

   **What did the man's mother buy last week?**

   ① A cleaning robot.

   ② A cooking robot.

   ③ A teaching robot.

   ④ A vacuum cleaner.

**Total**

/20

Class

No.

Name

# 5W1H

■英文の聞き取りを行う際，5W1H(when / where / who / what / why / how)に注意して聞くと情報のポイントがつかみやすくなる。

| when, where | 場面や状況 |
|---|---|
| who, what | 登場人物たちの特徴や人間関係，話題になっている物，事柄 |
| why, how | 出来事や状態の変化の過程，その因果関係 |

 **Check**

対話に関する質問の答えとして最も適切なものを１つ選びなさい。
英文は１回読まれます。

1. **What was Betty doing?**

   ① She was reading a magazine.

   ② She was shopping in the store.

   ③ She was taking a rest.

   ④ She was watching TV.

2. **What items should be bought at Al's Market?**

   ① One pack of two tomatoes, blue cheese and plain yoghurt.

   ② Some bread and tomatoes.

   ③ Three tomatoes, blue cheese and plain yoghurt.

   ④ Two tomatoes, cheddar cheese and berry yoghurt.

3. **Why does Betty say she doesn't want George to come?**

   ① He hates her, but she wants to see him.

   ② He is dating her now, but she wants to stop seeing him.

   ③ He wants to date her, but she doesn't want to see him.

   ④ She once had a date with him, but no longer likes him.

> **Words and Phrases**
> manufacture [mænjəfǽktʃər] : …を作る
> be in charge of ... : …の担当である
> analysis [ənǽləsis] : 分析
> criminal [krímin(ə)l] : 犯人

# Graphs

英文と質問を聞き，その答えとして最も適切なものを１つ選びなさい。
英文は１回読まれます。

1. 🔘 66

① ② ③ ④

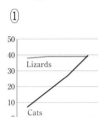 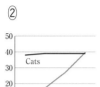  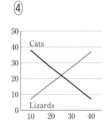

1. ① ② ③ ④
（５点）

2. ① ② ③ ④
（５点）

3. ① ② ③ ④
（５点）

4. ① ② ③ ④
（５点）

2. 🔘 67

① ② ③ ④

 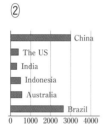  

3. 🔘 68

① ② ③ ④

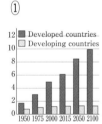 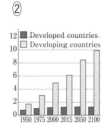 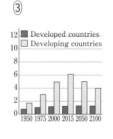 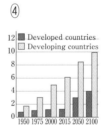

4. 🔘 69

① ② ③ ④

# 言いかえ表現

■文章の中で，同じ内容が別の表現で表されることがよくある。違う表現であっても戸惑うことなく意味をつかめるように慣れておく。

| 同意の語 | mention → talk about / hate → don't like |
|---|---|
| 言いかえ | Mr. Brown → her husband / his dog → the small animal |
| 代名詞・副詞 | the pianist → he / on Saturday → on the promised day |
| 違った文構造 | He tried. → He made an attempt.<br>They built the bridge. → The bridge was built. |

 **Check**

聞こえてくる英文の内容に最も近い意味のものを1つ選びなさい。
英文は1回読まれます。

1.

　① He is going to the party alone.

　② He is going to the party early.

　③ He is looking forward to the party.

　④ He is not happy about going to the party.

2.

　① Mary did not accept the offer of a holiday in India.

　② Mary recommended a holiday in India.

　③ Mary was happy about the chance of a holiday in India.

　④ Mary was nervous about going on holiday in India.

3.

　① I arranged to meet her there.

　② I met her there by chance.

　③ I met her there exactly on time.

　④ I was told to meet her there.

> **Words and Phrases**
> regardless of ... : …にかかわらず
> external [ikstə́ːrn(ə)l] : 外の
> in response to ... : …に応じて
> above all : とりわけ，何より

Answer Sheet

英文を聞き，それぞれの内容と最もよく合っているイラストを1つ選びなさい。英文は2回読まれます。

Active Listening ③
**Lesson 15**

1.  71

① ② ③ ④

1. ① ② ③ ④
（5点）

2. ① ② ③ ④
（5点）

3. ① ② ③ ④
（5点）

4. ① ② ③ ④
（5点）

2. 72

① ② ③ ④

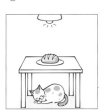 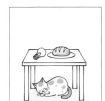  

3. 73

① ② ③ ④

**Total**

/20

**Class**

**No.**

4. 74

① ② ③ ④

**Name**

# 位置関係

■位置関係は前置詞によって表されることが多いが，前置詞は日本語訳を覚えるだけでは全体的な用法を理解することは難しいので，中心的なイメージを頭の中に意識することが重要となる。

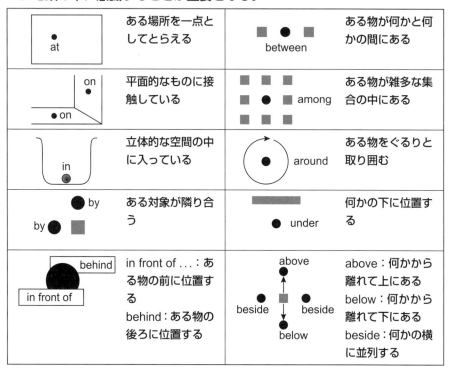

| | | | | |
|---|---|---|---|---|
| at | ある場所を一点としてとらえる | between | | ある物が何かと何かの間にある |
| on | 平面的なものに接触している | among | | ある物が雑多な集合の中にある |
| in | 立体的な空間の中に入っている | around | | ある物をぐるりと取り囲む |
| by | ある対象が隣り合う | under | | 何かの下に位置する |
| behind / in front of | in front of ...：ある物の前に位置する<br>behind：ある物の後ろに位置する | above / beside / below | | above：何かから離れて上にある<br>below：何かから離れて下にある<br>beside：何かの横に並列する |

🎧 **Check** 💿75

英文を聞いて，空所にあてはまる単語を書きなさい。英文は1回読まれます。

1. We will stay (　　　　　) a fancy hotel (　　　　　) the lake.

2. Our school is (　　　　　) (　　　　　) (　　　　　) the station, and the post office is (　　　　　) the station.

3. There is a gap (　　　　　) rich and poor (　　　　　) countries (　　　　　) the world.

**Words and Phrases**
evacuation drill：避難訓練
across from ...：…の向こう側に

# Interview

対話の場面が日本語で書かれています。対話とそれについての質問を聞き，答えとして最も適切なものを１つ選びなさい。英文は２回読まれます。

Active Listening ③
**Lesson 16**

1．大学の面接官と話をしています。 76

1. ① ② ③ ④
（5点）

①  ②  ③  ④

2. ① ② ③ ④
（5点）

2．入社試験で話をしています。 77

3. ① ② ③ ④
（5点）

①  ②  ③  ④

4. ① ② ③ ④
（5点）

3．試合終了後，インタビューをしています。 78

①  ②  ③  ④

Total

/20

4．合格発表の場所で，インタビューをしています。 79

①  ②  ③  ④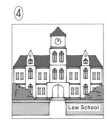

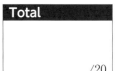

Class

No.

Name

# 和製英語

聞いてみよう！

■和製英語とは英語の語句をつなぎ合わせたり変化させたり，日本の企業や店などが命名するなどして英語らしく作られた語で，中には英語話者に意味が通じないものもある。

| 和製英語 | 英語での同意表現 |
|---|---|
| アフターサービス | after-sales service |
| ガッツポーズ | victory pose |
| ガソリンスタンド | gas station |
| コンセント | outlet |
| (書類などへの)サイン | signature |
| (有名人などの)サイン | autograph |
| シャープペンシル | mechanical pencil |
| シュークリーム | cream puff |
| (体形が)スマート | slim, slender |
| トランプ | (playing) cards |
| (衣服の)トレーナー | sweat shirt |
| (食事形式の)バイキング | buffet |
| ホッチキス | stapler |

 **Check** 80

英文を聞いて，空所にあてはまる単語を書きなさい。英文は1回読まれます。

1. There are two (　　　　　　) on the wall.

2. I put my (　　　　　) with a (　　　　　) (　　　　　).

3. This (　　　　　) (　　　　　) suits your (　　　　　) figure.

> **Words and Phrases**
> major in ... : …を専攻する
> make use of ... : …を活用する
> be in good shape : 体の調子がよい

# Story

話を聞き，グラフの4つの空欄にあてはめるのに最も適切なものを選びなさい。英文は2回読まれます。

1. **What do you want to read as an assignment for summer vacation?** 81

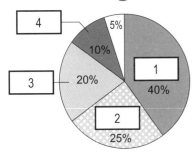

① *Harry Potter and the Philosopher's Stone*

② *Psycho*

③ *The Phantom of the Opera*

④ *Titanic*

2. **The number of books you read (May10 — 16)** 82

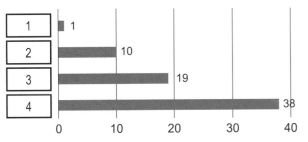

① None

② One

③ Two

④ Three or More

Active Listening ③
**Lesson 17**

1.
1  ①  ②  ③  ④

2  ①  ②  ③  ④

3  ①  ②  ③  ④

4  ①  ②  ③  ④
(各3点)

2.
1  ①  ②  ③  ④

2  ①  ②  ③  ④

3  ①  ②  ③  ④

4  ①  ②  ③  ④
(各3点)

| Total | |
|---|---|
| | /24 |

Class

No.

Name

# Target 17

## イギリス英語の特徴

聞いてみよう！

■日本ではアメリカ英語（General American）を耳にする機会が多いが，映画などを通じてイギリス英語を耳にする機会も増えている。イギリス英語は地域によって発音の違いがあるが，標準的な発音は容認発音（RP：Received Pronunciation）と呼ばれている。

| アメリカ英語では[æ]で発音する単語が，イギリス英語では[ɑː]のような音で発音することがある | can't, dance, half |
|---|---|
| アメリカ英語では母音の後ろにくる[r]の音を発音するが，イギリス英語では発音しないことが多くある | beer, car, door, four, more, party |
| アメリカ英語では母音にはさまれた[t]の音を日本語の「ラ」行のような音で柔らかく発音する傾向にあるが，イギリス英語では比較的はっきりと発音する | better, city, water, writer |
| つづりがoになっている語を，つづりの印象に近く[ɔ]と発音する | pot, hot, not |

## 🎧 Check

それぞれの単語が2回読まれます。「アメリカ英語→イギリス英語」の順なら①，「イギリス英語→アメリカ英語」の順なら②を選びなさい。

1. dance   ①    ②
2. four   ①    ②
3. better   ①    ②
4. hot   ①    ②

**Words and Phrases**
semester [səméstər]：（2学期制の）学期
assignment [əsáinmənt]：課題
questionnaire [kwèstʃənéər]：アンケート

# Speech

英文に関する質問の答えとして最も適切なものを１つ選びなさい。
英文は１回読まれます。

1. A student is talking in class about his plans for summer vacation.

   **Where is the man most likely to go this summer?**

   ① A museum of the Jomon era.

   ② The Great Pyramid of Giza.

   ③ Tokyo Disneyland.

   ④ Yakushima.

2. A student is talking in class about his experiences in Australia. 85

   **What was the man's problem while he was in Australia?**

   ① He became homesick.

   ② He was suffering from culture shock.

   ③ His host family was not so kind to him.

   ④ His stay got longer than he had expected.

3. A man is speaking in a cooking class.  86

   **What is the man explaining?**

   ① A foldable frying pan.

   ② How to clean a frying pan.

   ③ How to make an omelet.

   ④ The ingredients of an omelet.

4. A teacher is talking to his students. 87

   **What is the teacher explaining?**

   ① Celtic history.

   ② Halloween.

   ③ How to make lanterns.

   ④ The school festival.

1. ① ② ③ ④
   （５点）

2. ① ② ③ ④
   （５点）

3. ① ② ③ ④
   （５点）

4. ① ② ③ ④
   （５点）

**Total**

/20

**Class** .................................

**No.** .................................

**Name** .................................

# オーストラリア英語の特徴

■オーストラリア英語にはアメリカ英語やイギリス英語とは異なる特徴がある。オーストラリアではイギリスの容認発音を模範として発音を矯正する動きもあったが，現在は標準的な発音，イギリスの別の特徴的な発音，それらの中間的な発音に落ち着いていると言われている。

| 二重母音の[ei]が[ai]のように聞こえる | cake, lake, mate, name, shake, today<br>I'm going to hospital today. |
| --- | --- |
| アメリカ英語では[æ]で発音する単語が，オーストラリア英語では[ɑː]のような音で発音することがある | can't, dance, half |
| 母音にはさまれた[t]の音はアメリカ英語では日本語の「ラ」行のような音で柔らかく発音する傾向にあるが，オーストラリア英語では比較的はっきりと発音する | better, city, water, writer |

■地理的にオーストラリアの隣にあるニュージーランドの英語はオーストラリア英語とよく似ているが，さらに母音に特徴があり，get が[gít]，ten が[tín]，seven が[sívn]になったり，back が[bék]，please が[pláiz]のように聞こえたりする。

 **Check**

それぞれの単語が2回読まれます。「アメリカ英語→オーストラリア英語」の順なら①，「オーストラリア英語→アメリカ英語」の順なら②を選びなさい。

1. today      ①      ②
2. pain      ①      ②
3. straight      ①      ②
4. better      ①      ②

---

**Words and Phrases**
archeological [ɑ̀ːrkiəlɑ́(ː)dʒik(ə)l]：考古学の
at times：ときどき
fold [fóuld]：…を折りたたむ
originate from …：…に起源がある

# Travel

対話の場面が日本語で書かれています。対話を聞き，質問の答えとして最も適切なものを１つ選びなさい。英文は１回読まれます。

1. 男性が旅行代理店の女性と話をしています。  89

   **What is the man going to do in Vienna?**

   ① Enjoy watching the opera.

   ② Enter an opera school.

   ③ Learn the building style of the opera house.

   ④ Pay for the option.

2. 男性が航空会社のカウンターでチェックインをしています。 90

   **How many bags will the man take into the airplane?**

   ① 1.

   ② 2.

   ③ 3.

   ④ No bags.

3. 飛行機の中で，男性が客室乗務員（女性）と話をしています。 91

   **Which is correct about the man's meal?**

   ① He can eat a Japanese meal for free.

   ② He can have a Japanese meal and a drink in the plane.

   ③ He can't have any meals because he didn't pay for them beforehand.

   ④ He prefers a Western meal to a Japanese one.

4. 男性が両替係の女性と話をしています。 92

   **Which is correct about the conversation?**

   ① The man needs to fill in a paper and show his passport.

   ② The man wants to change his euro into Japanese yen.

   ③ The man wants to change some money in addition to 30,000 yen.

   ④ The yen-euro exchange rate is 250 yen to the euro.

1. ① ② ③ ④
   （5点）

2. ① ② ③ ④
   （5点）

3. ① ② ③ ④
   （5点）

4. ① ② ③ ④
   （5点）

**Total**

/20

Class

No.

Name

# Target 19

## アジア英語の特徴

聞いてみよう！

■インドは多民族国家であることから，一つの国の中でも多くの言語が用いられている。教育の場ではヒンディー語，英語，そして地元の言葉を学ぶことで，お互いの意思疎通とともに自分たちの言葉も大切にしている。

| [θ]の音が[t]になったり，[ð]の音が[d]になったり，[w]の音が[v]になったりする | thank, think, that, waves, wet |
| --- | --- |
| つづりの文字通りに発音する | air, dark, silly, storm, Wednesday |
| 接尾辞にアクセントが移動する | careless, kindness |

■シンガポールは1800年代イギリスの植民地として栄え，独立した今も英語，中国語，マレー語，タミール語の4か国語を公用語としている。ここでの英語はシングリッシュ（Singlish）と呼ばれ，ほかの言語の影響が見られる。特徴として文末につける lah がある。日本語での「…ね」や「…よ」と付け足すようなニュアンスで, Relax, lah.（くつろいでね。）や Hurry up, lah.（早く早く！）のように用いる。また助動詞 can もたとえば Can I come this way? に対して標準的な英語では Yes, you can. や No, you can't. と答えるが，その代わりに Can, can. や Cannot. と答えるなど独特な使い方がある。

 **Check**

それぞれの単語が2回読まれます。「アメリカ英語→アジア英語」の順なら①，「アジア英語→アメリカ英語」の順なら②を選びなさい。

1. park ① ②
2. paper ① ②
3. receipt ① ②
4. sickness ① ②

---

**Words and Phrases**
on board：(飛行機など)に乗って
in-flight meal：機内食
change [tʃéin(d)ʒ]：小銭

話を聞き，グラフの 4 つの空欄にあてはめるのに最も適切なものを選びなさい。英文は 2 回読まれます。

## 1. Industrial Production in Japan（1919）

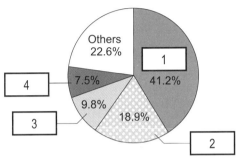

① Chemical Industry
② Food Processing
③ Metal Industry
④ Textile Production

## 2. The Population of European Cities（1800）

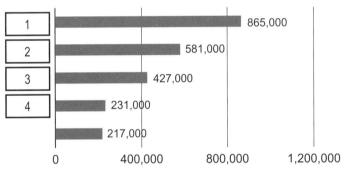

① London
② Naples
③ Paris
④ Vienna

**1.**
1 ① ② ③ ④
2 ① ② ③ ④
3 ① ② ③ ④
4 ① ② ③ ④
（各 3 点）

**2.**
1 ① ② ③ ④
2 ① ② ③ ④
3 ① ② ③ ④
4 ① ② ③ ④
（各 3 点）

**Total**

/24

Class ...................

No. ...................

Name ...................

# 固有名詞の聞き取り

聞いてみよう！

■よく知っている地名や人名も，英語の音に慣れていないと聞き取れないことがよくある。辞書に載っているような主な地名や人名は発音とともにつづりを確認しておこう。

| 国名 | Argentina [ɑ̀ːrdʒ(ə)ntíːnə]（アルゼンチン），Brazil [brəzíl]（ブラジル），Canada [kǽnədə]（カナダ），Germany [dʒə́ːrməni]（ドイツ），Ireland [áiərlənd]（アイルランド），Liberia [laibíəriə]（リベリア），Nigeria [naidʒíəriə]（ナイジェリア），Papua New Guinea [pǽpuə njuː gíni]（パプアニューギニア） |
|---|---|
| 都市名<br>州名<br>地方名 | Athens [ǽθinz]（アテネ），Atlanta [ætlǽn(t)ə]（アトランタ），California [kæ̀ləfɔ́ːrnjə]（カリフォルニア），Dublin [dʌ́blin]（ダブリン），Maryland [méər(ə)lənd]（メリーランド），Philadelphia [filədélfiə]（フィラデルフィア），San Francisco [sæ̀nfr(ə)nsískou]（サンフランシスコ），Toronto [tərɑ́(ː)ntou]（トロント） |
| 人名 | Carnegie [kɑːrnégi]（カーネギー），Darwin [dɑ́ːrwin]（ダーウィン），Gandhi [gǽndi]（ガンジー），Kennedy [kénədi]（ケネディ），Lincoln [líŋk(ə)n]（リンカーン），Picasso [pikɑ́ːsou]（ピカソ），van Gogh [væŋgóu]（ゴッホ），Smith [smíθ]（スミス） |

🎧 **Check**

英文を聞いて，空所にあてはまる単語を書きなさい。英文は1回読まれます。

1. I was born in (　　　　　　) and brought up in (　　　　　　).

2. The rapid economic growth in (　　　　　) impressed the world.

3. (　　　　　) (　　　　　　) became the 44th president of the United States.

---

**Words and Phrases**
textile [tékstail]：織物
promising [prɑ́məsiŋ]：前途有望な
remaining [riméiniŋ]：残りの

**訂正情報配信サイト 17518-02**
利用に際しては，一般に，通信料が発生します。

https://dg-w.jp/f/fc1c9

**ナレーター**
Brad Holmes（オーストラリア）
Dominic Allen（アメリカ）
Emma Howard（イギリス）
Julia Yermakov（アメリカ）
Suzan Mohammad Halim（バングラデシュ）

# Active Listening ❸
**SECOND EDITION　音声配信対応版**

| | | |
|---|---|---|
| 2021年1月10日　初版　　　第1刷発行 | | 神戸市外国語大学名誉教授 |
| 2022年1月10日　改訂2版　第1刷発行 | 監　修 | 甲南大学教授 |
| 2023年1月10日　改訂2版　第2刷発行 | | 野村　和宏 |

| | |
|---|---|
| 英文校閲 | 甲南大学准教授<br>Stanley Kirk |
| 発 行 者 | 松本　洋介 |
| 発 行 所 | 株式会社　第一学習社 |

広島：〒733-8521　広島市西区横川新町7番14号　☎082-234-6800
東京：〒113-0021　東京都文京区本駒込5丁目16番7号　☎03-5803-2131
大阪：〒564-0052　吹田市広芝町8番24号　　　　　　☎06-6380-1391

| | | |
|---|---|---|
| 札　幌☎011-811-1848 | 仙　台☎022-271-5313 | 新　潟☎025-290-6077 |
| つくば☎029-853-1080 | 東　京☎03-5803-2131 | 横　浜☎045-953-6191 |
| 名古屋☎052-769-1339 | 神　戸☎078-937-0255 | 広　島☎082-222-8565 |
| 福　岡☎092-771-1651 | | |

書籍コード　17518-02　　　　　　＊落丁，乱丁本はおとりかえいたします。
　　　　　　　　　　　　　　　　　　解答は個人のお求めには応じられません。

ISBN978-4-8040-2293-2　　　　　　ホームページ　http://www.daiichi-g.co.jp/